EXPLICATIONS

DE LA

LETTRE ENCYCLIQUE

DU PAPE BENOIT XIV,

SUR LES USURES,

Par le R. P. MICHEL-ARCHANGE, Prêtre-Capucin, ancien Professeur de Théologie ; suivies de quelques Réflexions particulières de l'Auteur.

LYON,

CHEZ THÉODORE PITRAT, IMPRIMEUR

DE S. A. R. M.gr LE DUC D'ANGOULÊME, RUE DU PÉRAT, N.º 58.

PARIS,

CHEZ LE MÊME LIBRAIRE, RUE GUÉNÉGAUD, N.º 19.

1822.

AVIS
PRÉLIMINAIRE.

Affligé des divisions que les opinions contradictoires, sur les placemens d'argent dans le commerce, occasionnent dans le Clergé de Lyon et des Diocèses circonvoisins; des anxiétés qu'elles entretiennent dans les consciences des ames simples; des partis auxquels elles donnent occasion, partis qui altèrent nécessairement la charité; enfin, de l'altération de la confiance des hommes probes et instruits dans le commerce, j'ai pensé qu'une exposition littérale et simple, de la Bulle encyclique de Benoît XIV sur les usures, pourroit être un moyen de charité pour établir l'unité, qui est le caractère exclusif de la vraie Foi et de la vraie morale.

Je l'ai d'abord dictée pour moi et pour quelques personnes qui m'avoient consulté. L'on m'a invité à la communiquer au public, j'y ai consenti uniquement pour établir, s'il est possible, la confiance dans les décisions théologiques, nécessairement altérées par les opinions contradictoires, dont les unes regardent comme injustes des contrats que les autres approuvent comme légitimes.

La charité fraternelle, nous dit l'apôtre St. Pierre, n'a son mérite que de la générosité de la charité: *In amore fraternitatis charitatem.*

Cette charité exige de nous que nous ne jugions, que nous ne condamnions, que nous n'approuvions que ce que le juge suprême des controverses de l'Eglise a jugé, condamné, ou approuvé. Le frère, dit St. Paul, n'a point de tribunal pour juger son frère.

Prêt à descendre dans la maison de mon éternité, je prie ceux qui liront cet opuscule de ma vieillesse, de me permettre de leur adresser l'invitation tendre, mais sublime, que St. Paul faisoit aux Philippiens : Si vous voulez, leur écrivoit-il, avoir quelque consolation en J. C.; si vous voulez goûter les douceurs de la charité; si vous avez encore des entrailles de miséricorde pour les ouailles que J. C. a conquises par l'effusion de son sang; si vous avez enfin, le vrai esprit des Fidèles, comblez notre joie, n'ayez d'autres règles que celles que nous vous avons données.

Qu'il n'y ait donc plus parmi nous aucune contention, aucune division. Nous n'avons d'autres doctrines à épouser que celle qui nous est enseignée par le souverain Pontife et les Evêques qui vivent sous son obéissance.

Michel DESGRANGES, Cap.-Prêtre,

ancien Professeur de Théologie.

Lyon, le 19 Août 1822.

BULLE ENCYCLIQUE

De Benoît XIV , Souverain Pontife, donnée le
premier jour de novembre de l'année 1745.

DU PRÊT A INTÉRÊT.

BENOÎT XIV, PAPE,

A nos Vénérables Frères, les Patriarches, Archevêques, Évêques et Ordinaires d'Italie.

A PEINE avons-nous ap-
pris qu'au sujet de la
validité d'un certain contrat, il s'étoit répandu
depuis peu en Italie des
opinions qui paroissoient
opposées à la saine doc-
trine , qu'aussitôt nous
avons cru devoir travailler
à arrêter le cours du mal,
de peur qu'il ne fît, à la fa-
veur du temps et du si-
lence , de nouveaux pro-
grès, et qu'il ne s'étendît
à d'autres villes d'Italie où
il n'avoit pas encore pé-
nétré.

V IX pervenit ad aures nos-
tras , ob novam controversiam (nempè an quidam contractus validus judicari de-
beat) nonnullas per Italiam
disseminari sententias, quæ
sanæ doctrinæ haud consen-
taneæ viderentur, cùm sta-
tim nostri Apostolici muneris
partem esse duximus, oppor-
tunum afferre remedium, ne
malum ejusmodi, temporis
diuturnitate ac silentio, vi-
res magìs acquireret ; adi-
tumque ipsi intercludere, ne
latiùs serperet, et incolumes
adhuc Italiæ civitates labe-
factaret.

A

Pontifex deliberat cum Concilio.

Quapropter eam rationem consiliumque suscepimus, quo Sedes apostolica semper uti consuevit; quippe rem totam explicavimus nonnullis ex Venerabilibus Fratribus nostris sanctæ Romanæ Ecclesiæ Cardinalibus, qui sacræ Theologiæ scientiâ et Canonicæ disciplinæ studio ac peritiâ plurimùm commendantur:

Accivimus etiam plures Regulares in utraque Facultate præstantes, quorum aliquos ex Monachis, alios ex Ordine mendicantium, alios demùm ex Clericis regularibus selegimus; Præsulem quoque juris utriusque laureâ præditum et in foro diù versatum adhibuimus : diem quartam indiximus Julii qui nuper præteriit, ut coram nobis illi omnes convenirent, quibus naturam totius negotii declaravimus; quod illis anteà cognitum perspectumque deprehendimus.

Doctrinam de usuris exponi jubet.

Post hæc præcepimus ut omni partium studio, omnique cupiditate soluti, rem totam accurate perpende-

Dans cette vue nous avons suivi l'usage ordinaire du Siége apostolique: nous avons exposé cette affaire à quelques-uns de nos Vénérables Frères, les Cardinaux de la sainte Eglise Romaine, distingués par leur savoir sur les matières de Théologie, et leur étude des Saints Canons.

Nous avons appelé aussi plusieurs Réguliers célèbres dans l'une et l'autre Faculté, que nous avons choisis dans les Monastères religieux, les Ordres mendians et les Congrégations des Clercs réguliers; enfin, nous avons ajouté un Président gradué en droit civil et canonique, occupé depuis long-temps aux causes de jurisprudence; nous les avons assemblés en notre présence, le 4 du mois de Juillet dernier; là nous leur avons déclaré le sujet de cette convocation, dont ils avoient eu déjà connoissance.

Nous leur avons ensuite prescrit d'examiner avec tout le soin possible cette importante matière, sans aucune vue particulière, ni aucun esprit de parti, et de rédiger leurs opinions par écrit ; nous ne leur avons pas cependant demandé de porter leur jugement sur le contrat particulier qui avoit donné lieu aux premières contestations, n'ayant pas nous-mêmes tous les éclaircissemens nécessaires à cet égard ; mais de fixer les vrais principes sur l'usure, que les opinions répandues depuis peu dans le public sembloient avoir ébranlés.

Il ont obéi à nos ordres : ils nous ont ouvert leurs avis dans deux assemblées tenues, l'une, le 18 Juillet, et l'autre, le 1.er Août ; et ils les ont remis par écrit au secrétaire de la Congrégation.

rent, suasque opiniones scripto exararent : non tamen expetivimus ab ipsis ut judicium ferrent de contractu qui controversiæ causam initio præbuerat, cùm plura documenta non suppeterent, quæ necessariò ad id requirebantur : sed ut certam de usuris doctrinam constituerent, cui non mediocre detrimentum inferre videbantur ea, quæ nuper in vulgus spargi cœperant.

Jussa fecerunt universi ; nam suas sententias palàm declarârunt in duabus congregationibus, quarum prima coram nobis habita est die decima octavâ Julii ; altera verò die primâ Augusti, qui menses nuper elapsi sunt, ac demùm easdem sententias Congregationis Secretario scriptas tradiderunt.

Exposition littérale du texte.

Nous appelons Bulles *encycliques*, les jugemens doctrinaux que les souverains Pontifes, Évêques de Rome, prononcent comme successeurs de St. Pierre, que J. C. a établi le chef des apôtres , auquel il a ordonné de paître ses brebis et ses agneaux, et à qui il a promis que les portes de l'enfer ne prévaudroient pas contre l'Eglise fondée sur lui. Ils prononcent donc alors comme vicaires de J. C. et dépositaires de la vraie foi et de la morale ; ces bulles *encycliques* sont adressées à une nation, ou à plusieurs nations, ou enfin à toute la chrétienté, selon les besoins de l'Eglise.

Benoit XIV (Lembertini) fut un des hommes les plus savans de son siècle, qui a prévu les malheurs actuels de l'Eglise, auxquels il a opposé les remèdes pour conserver ou faire revivre les principes catholiques.

Pour donner à son jugement tout le poids qui fait respecter l'autorité pontificale (admirons la prudence de sa conduite, qui est celle qui descend du ciel), il se conforme aux usages du Siége apostolique, en assemblant des Congrégations composées des membres du sacré Collége, distingués par leur science théologique, canonique et civile ; des hommes les plus éclairés des Corps religieux, des Corps mendians , des Clercs réguliers et du Président de la Cour civile , Docteur-ès-droits civil et canonique.

1°. Le souverain Pontife assembla donc une première fois, le 4 Juillet, tous ces membres désignés pour former les Congrégations, et leur manifesta l'objet de leur convocation. Il exigea d'eux le serment d'être fidèles à leur conscience, sans passions, sans intérêts humains ; de déclarer quels sont les contrats d'où naît l'usure ; il leur défendit de juger le contrat dont il étoit question, soit peut-être pour se réserver le jugement qu'il devoit en porter, soit parce que ce contrat étoit revêtu de certaine circonstance qui n'étoit pas assez connue.

2° Il assembla donc et présida la première Congrégation, le 18 Juillet de la même année.

3° Une seconde congrégation fut assemblée le 1er Août de la même année. Dans l'une et dans l'autre, tous les membres convoqués émirent leurs sentimens, d'abord de vive voix, et ensuite par écrit.

Que peut-on exiger de plus prudent et de plus sage de la part d'un souverain ? l'Esprit qui préside à la marche pontificale, peut-il ne pas être reconnu l'esprit de Dieu ?

Or, voici les points qu'ils ont établi d'un consentement unanime.

I. Le péché d'usure, qui a son siége propre et unique dans le contrat du prêt, consiste en ce que

Porrò hæc unanimi consensu probaverunt.

I. Peccati genus illud quod usura vocatur, quodque in contractu mutui propriam suam sedem, et locum habet,

Canones.

Usura lucrum supra sortem ex mutuo.

in eo est repositum, quòd quis ex ipsomet mutuo, quod suâpte naturâ, tantumdem duntaxat reddi postulat quantum receptum est, plus sibi reddi velit, quàm est receptum; ideòque ultra sortem lucrum aliquod, ipsius ratione mutui, sibi deberi contendat. Omne proptereà hujus modi lucrum, quod sortem superet, illicitum et usurarium est.

celui qui prête veut qu'en vertu seulement du prêt, dont la nature est de retirer autant qu'on a fourni, on lui rende plus qu'on a prêté, et en conséquence exige un intérêt, outre le capital, par la seule force du prêt : tout profit et intérêt de cette nature est illicite et usuraire.

Exposition littérale du texte I.

DANS ce premier article le souverain Pontife déclare que l'usure naît et ne peut naître que du PRÊT SIMPLE.

1° On appelle prêt, le contrat par lequel celui qui possède des choses consomptibles, comme l'huile, le vin, le blé, etc., en transporte l'usage à un autre, avec la condition de lui rendre les mêmes denrées en même quantité, sans rien exiger de plus. L'argent est mis au nombre des choses consomptibles. ET QUASI PECUNIA, dit le droit romain.

2° Tout profit que le prêteur stipule dans le contrat ou espère de l'emprunteur en récompense du prêt, est ce qu'on appelle usure.

L'usure est un péché contraire à la justice, prohibé par la loi naturelle, par la loi de Moïse et par l'Évangile.

Le prêt, dit saint Thomas, est une œuvre de charité; l'usure tirée du prêt est contre la justice. Il doit y avoir une parfaite égalité entre les choses reçues par l'emprunteur et les choses rendues au temps fixé au prêteur.

Cette égalité doit exister et dans la qualité et dans la quantité.

On appelle usure réelle, lorsque le profit du prêt est stipulé ou cautionné.

On appelle usure mentale, l'espérance que le prêteur a d'un profit que lui accordera l'emprunteur, soit par ses services, soit par ses denrées, soit par l'argent.

Le prêt est donc un contrat strictement gratuit, dans lequel le prêteur ne doit rien exiger ou espérer au-delà ou de plus grande valeur que la chose qu'il a prêtée.

II. Pour excuser cette injustice, il est inutile d'alléguer que ce profit n'est pas excessif, mais modéré; qu'il est peu considérable; que celui de qui on l'exige, à la vérité, par la seule force du prêt n'est pas pauvre, mais ri-

II. Neque verò ad istam labem purgandam ullum arcessiri subsidium poterit, vel ex eo quòd id lucrum non excedens et nimium, sed mademratum; non magnum sed exiguum sit; vel ex eo quòd is à quo id lucrum, solius causâ mutui, deposcitur, non pauper

Quantitas lucri vel qualitas mutuarii lucrum hujusmodi ab usuræ labe non liberaut.

sed dives existat ; nec datam sibi mutuò summam relicturus sit otiosam, sed ad fortunas suas amplificandas, vel novis coemendis prædiis, vel quæstuosis agitandis negotiis, utilissimè sit impensurus : contrà mutui siquidem legem, quæ necessariò in dati atque redditi æqualitate versatur, agere ille convincitur, quisquis eâdem æqualitate semel positâ, plus aliquid à quolibet, vi mutui ipsius, cui per æquale jàm satis est factum, exigere adhuc non veretur : proindè que si acceperit, restituendo erit obnoxius, ex ejus obligatione justitiæ quam commutativam appellant, et cujus est in humanis contractibus æqualitatem cujusque propriam et sanctè servare, et non servatam exactè reparare.

che ; qu'il ne laissera pas la somme prêtée oisive , mais qu'ill'emploiera très-utilement, et pour améliorer sa condition , soit à des acquisitions de domaines, soit à des négociations de commerce ; puisque l'essence du prêt consiste nécessairement dans l'égalité entre ce qui est fourni et ce qui est rendu, cette égalité une fois supposée , celui qui prétend quelque chose de plus , par la seule force du prêt , s'oppose à la nature même de ce contrat, ayant été justement satisfait par le paiement d'une valeur égale à celle de ce qu'il avoit compté ; par conséquent il seroit tenu à restituer le surplus s'il l'avoit reçu , par une obligation de cette justice qu'on appelle commutative , qui ordonne, et de garder exactement dans les contrats l'équité propre à chacun , et de réparer le dommage causé , si on a blessé cette équité.

Exposition

Exposition littérale du texte II.

Il faut observer que le souverain Pontife, dans ce N° 2, ne parle que du PRÊT SIMPLE, par lequel le prêteur conserve le domaine principal des choses prêtées, en cédant à l'emprunteur le domaine utile, pendant tel ou tel temps convenu par les contractans. Le prêteur a donc une caution du *prêt* gratuite dans les biens de l'emprunteur.

Le souverain Pontife condamne comme injustes tous les prétextes des Calvin, des Saumaises, des Dumoulin, et de toutes les sectes qui ont introduit dans le Christianisme le produit usuraire de l'argent. Rien ne peut justifier, dans le PRÊT SIMPLE, la quantité du profit que l'on se propose d'en tirer ; que l'emprunteur soit pauvre ou riche, que le profit soit petit ou grand, que l'emprunteur s'enrichisse ou ne s'enrichisse pas par le PRÊT SIMPLE, elle est essentiellement gratuite. La justice qu'on appelle commutative, impose le devoir de rembourser à l'emprunteur les fruits tirés des choses prêtées, pour établir parfaitement l'égalité.

Il y a donc des différences essentielles et bien marquantes entre le prêt, qui est essentiellement gratuit, et les autres contrats qui se font dans la

B

société, pour tirer un profit légitime de son argent. En effet le prêteur, en cédant le domaine utile, appelé *usufruit*, à l'emprunteur, comme nous venons de le dire, en conserve la propriété appelée le *domaine principal*. Tous les biens de l'emprunteur répondent en conscience du prêt ; les héritiers de l'emprunteur sont solidaires. Le prêteur peut consciencieusement exiger hypothèque et caution ; en remplissant les formalités du droit civil, il devient créancier hypothécaire ou chirographaire. Il peut actionner son débiteur, lorsque celui-ci n'est pas exact à remplir ses engagemens au temps fixé mutuellement, et avec justice.

Dans les contrats de commerce, au contraire, le négociant travailleur et ses croupiers courent les chances heureuses ou malheureuses du commerce, soit pour le capital, soit pour les profits.

Le négociant travailleur n'est comptable des malheurs du commerce, que lorsque son ignorance, sa mauvaise foi, la négligence de ses affaires ; des spéculations hasardées par l'ambition, sans presque aucune probabilité de gain, ont mérité les malheurs du commerce. Le négociant travailleur et ses croupiers courent donc toutes les chances du commerce proportionnellement, de manière que celui qui court un plus grand nombre de risques, ait aussi l'espérance d'un plus grand profit, pour établir la vraie égalité dans une société.

Les croupiers font donc deux contrats avec le négociant travailleur. Par le premier, ils mettent leur argent dans le commerce, pour en tirer un profit légitime.

Ils font ensuite un second contrat pour l'avantage du travailleur ; ils conviennent avec lui qu'ils se désistent des grands profits qu'il pourroit faire, selon la prospérité du commerce, aux conditions qu'ils tireront le profit légal et annuel, permis par les lois.

Ce n'est donc pas un prêt que les croupiers font au négociant travailleur ; mais c'est un placement qu'ils font de leur argent, consentant de courir les risques du commerce.

Toute hypothèque qu'ils voudroient avoir, ou toute caution qu'ils exigeroient, seroit un prêt pallié et usuraire.

Les croupiers doivent donc supporter les pertes d'un commerce fait avec toute la prudence humaine.

On peut appliquer aux placemens de commerce, les règles du cheptel. Le berger ne répond que des têtes qui périssent par sa faute. Les règles que St. Antonin donnoit autrefois pour le cheptel, qui

étoit un commerce d'animaux , sont toutes appli-
quables au commerce de notre siècle , alimenté
par l'argent.

Quidam ti-
tuli , vel con-
tractus à mu-
tuo diversi
justum redde-
re proventum
ultra sortem.

III. Per hæc autem nequa-
quàm negatur, posse quandò-
que unà cum mutui con-
tractu , quosdam alios , ut
aiunt , titulos , eosdemque
ipsimet universim naturæ
mutui minimè innatos et in-
trinsecos fortè concurrere,
ex quibus justa omninò legiti-
maque causa consurgat, quid-
dam ampliùs supra sortem ex
mutuo debitam ritè exigendi.

Neque item negatur posse
multotiès pecuniam ab uno-
quoque suam ; per alios di-
versæ prorsùs naturæ à mutui naturâ contractus, rectè
collocari et impendi , sive
ad proventus sibi annuos con-
quirendos , sive etiam ad li-
citam mercaturam et nego-
tiationem exercendam, ho-
nestaque indidem lucra per-
cipienda.

III. Mais on ne prétend
pas nier, en établissant ces
deux principes, que cér-
taines circonstances ou titres, qui ne sont point de
l'essence du prêt, ne puis-
sent quelquefois concourir
avec lui, et donner un droit
bien légitime de recevoir
quelque chose au-delà de
la valeur de la somme
prêtée.

On ne nie pas non plus
qu'il n'y ait d'autres contrats, d'une nature entièrement différente de celle
du prêt , par lesquels on
peut en plusieurs manières
placer son argent , pour
se procurer des revenus
annuels , soit pour parti-
ciper à des négociations
et des commerces, et re-
tirer par là un profit juste
et licite.

Exposition littérale du texte III.

Cet article N° III est l'objet des réflexions les
plus sérieuses ; il dénoue le nœud gordien qui
cause des discussions dans les écoles catholiques.

(13)

Avant de nous en occuper, nous devons observer que les Théologiens distinguent le danger
intrinsec que court le prêteur en prêtant. Ce
danger est appelé *intrinsec* ou *periculum juris*,
parce qu'il est inséparable du prêt.

Il y a une autre espèce de danger qui est
appelé *extrinsec* ou *periculum facti*, qui est
encouru, ou à l'occasion de la mauvaise foi et
de l'inconduite de l'emprunteur, ou des malheurs des temps.

On doit observer secondement, que le prêteur peut souffrir des dommages ou perdre un
gain juste en prêtant ce qu'on appelle *damnum
exsurgens*, *lucrum cessens*, ou *periculum extrin-
secum sortis*.

Le souverain Pontife, dans ce Nº II, prononce clairement que l'on ne doit pas appliquer le jugement qu'il vient de prononcer contre l'usure qui naît du PRÊT SIMPLE, parce que
le profit qu'on tire de son argent n'est pas le
produit du prêt, mais un dédommagement des
pertes que l'on fait en prêtant. Il est juste que
l'emprunteur dédommage le prêteur des pertes
réelles qu'il fait en prêtant, ou des dangers
qu'il court, qui sont entièrement étrangers au
danger intrinsec du prêt.

Le souverain Pontife déclare encore qu'il

n'entend pas parler de tous les autres contrats que les hommes font entre eux pour tirer un profit légitime de leur argent ; profit qui peut être tiré légitimement par ce qu'on appelle, dans le commerce, PLACEMENT D'ARGENT, DÉPÔT, et ce qu'on appelle, mais improprement, *prêt de commerce.*

Lorsqu'on lit attentivement la Bulle du souverain Pontife, on se convainc aisément que les mots *placement d'argent* ou *dépôt*, dans le commerce, ne sont pas des subtilités de l'avarice. Le souverain Pontife, en effet, se sert des mots COLLOCARE AD MERCATURAM. En effet *collocatio*, en français *placement*, est le substantif de *collocare*. Faire des dépôts de commerce, c'est transporter son argent entre les mains des négocians travailleurs pour en tirer un profit légitime. Nous ne croyons pas que ces mots, *ad mercaturam*, employés par le souverain Pontife, soient susceptibles d'un autre sens.

L'erreur qui divise les écoles théologiques, naît donc de celle que l'on commet en confondant tous les contrats de commerce avec le *simple prêt*, contrats que le souverain Pontife déclare n'être pas dans la classe du péril ; et en le déclarant il confirme ce qu'il a dit

N° I., que l'usure ne peut naître que du *prêt simple*.

Cette distinction faite, il n'y a plus de pomme de discorde, et tout ce que les Théologiens exacts ont de décisions sévères contre l'usure, ne peut pas concerner les contrats de commerce.

Dans les circonstances où nous sommes, les besoins de l'état forçant le Gouvernement à ordonner des impôts exhorbitans, il s'ensuit nécessairement que, pour satisfaire aux impôts, personne ne laisse son argent dans la caisse : c'est pourquoi *le dommage naissant*, *le gain cessant* sont presque généraux dans toutes les classes de la société.

Si l'on veut encore appeler l'argent placé dans le commerce, *prêt de commerce*, il restera toujours certain que ce qu'on appelle *prêt* n'est pas un *prêt simple*, puisque pour l'en distinguer on ajoute de COMMERCE : en effet il seroit inutile d'ajouter de *commerce*, s'il n'y avoit point de distinction à faire.

IV. Il est constant que, si, dans cette multitude de contrats de divers genres, l'égalité n'est pas observée, tout ce qu'un des contractans reçoit de trop, produit, non pas l'usure,

IV. Quemadmodùm verò in tot ejusmodi diversis contractuum generibus, si sua cujusque non servatur æqualitas, quidquid plus justo recipitur, sin minùs ad nsuram (eo quòd omne mutuum

Vitandi tamen excessus contra justitiam.

tàm apertum quam pallia-
tum absit), at certè ad aliam
veram injustitiam restituen-
di onus pariter afferentem,
spectare compertum est; ità
si ritè omnia peragantur et
ad justitiæ libram exigantur,
dubitandum non est quin
multiplex in eisdem contractibus licitus modus et ratio
suppetat, humana commer-
cia, et fructuosam ipsam
negotiationem ad publicum
commodum conservandi ac
frequentandi; absit enim à
Christianorum animis, ut
per usuras aut similes alienas
injurias, florere posse lu-
crosa commercia existiment,
cùm contrà ex ipso oraculo
divino discamus, quòd *jus-
titia elevat gentem, mise-
ros autem facit populos pec-
catum.* Prov. 14. 34.

puisqu'il ne s'agit pas du
prêt ni exprès ni pallié,
mais une autre véritable
injustice, qui oblige également à restitution : mais
il n'est pas moins certain
que, si tout est réglé dans
ces contrats selon une
exacte justice, ils ne puis-
sent fournir une multitude
de moyens licites de fa-
voriser le commerce, et
d'exercer pour le bien public d'utiles négociations.

Car à Dieu ne plaise
que des Chrétiens pensent
que ce soient de crimi-
nelles usures ou d'autres
injustices qui font fleurir
les commerces humains !
les oracles sacrés nous ap-
prennent, au contraire, que
*c'est la justice qui élève
les nations, et que le péché rend les peuples mi-
sérables.* Prov. 14. 34.

Exposition littérale du texte IV.

Nous avons donc, dans ce N° IV, une nouvelle
preuve bien claire, que les contrats de commerce
sont distingués, par le souverain Pontife, du
contrat du *prêt.* Le souverain Pontife y déclare,
en effet, que, quoique ces contrats soient susceptibles d'injustices, cependant il n'y a dans eux ni
usure réelle, ni usure colorée.

L'injustice

L'injustice se commet dans les contrats de commerce, lorsque l'égalité n'est pas conservée entre les droits du preneur et du bailleur.

Une société de commerce, dit le droit, est une fraternité, et non une convention de lion où l'un court tous les dangers, et l'autre a tous les profits : *Societas est fraternitas non leonina.* Pour que les qualités soient conservées, il faut donc que les contractans participent aux dangers du commerce comme aux profits ; que celui qui doit avoir de plus grands profits, coure de plus grands dangers, et que les conventions entre le négociant travailleur et les croupiers, se fassent librement et loyalement, et que, dans le cas de dépérissement d'un commerce, les créanciers en supportent proportionnellement les pertes.

Le souverain Pontife observe justement, que les nations ne peuvent prospérer que par la justice, et que toute injustice, surtout si elle est publique, les fait déchoir de leur prospérité et de leur gloire.

Celui qui place son argent dans le commerce, ne doit donc prendre aucun des moyens de cautionner ses profits, en assurant son capital ; et, lorsque le gouvernement a fixé un prix légal pour les produits du commerce, les négocians doivent y donner leur adhésion.

C

Le négociant travailleur, personne de sensé ne peut en douter, est le maître d'augmenter le profit de ses croupiers comme il le juge à propos ; mais le croupier n'a pas droit d'exiger un profit au-dessus du prix légal.

Le *prêt simple* rend donc coupable d'usure celui qui tire ou se propose de tirer un profit quelconque de son prêt. Répétons-le : le prêt est est nécessairement gratuit ; mais dans les contrats de commerce, sans y avoir de l'usure, il peut y avoir de l'injustice, et l'injustice se commet lorsque l'un des contractans abuse et des besoins et de la confiance de ceux qui contractent avec lui.

Nec tituli legitimi cum mutuo , nec justæ causæ ineundi contractus à mutuo diversos ubiquè suppetunt.

V. Sed illud diligenter animadvertendum est, falsò sibi quemquam et non nisi temerè persuasurum, reperiri semper, ac præstò ubiquè est vel unà cum mutuo, titulos alios legitimos, vel secluso etiam mutuo contractus alios justos, quorum vel titulorum, vel contractuum præsidio, quotiescumque pecunia, frumentum, aliudve id generis alteri cuicumque creditur, toties semper liceat auctarium moderatum ultra sortem integram salvamque recipere : ità si quis senserit non modò divinis

V. Mais il faut surtout observer, qu'il est très-faux qu'il se trouve toujours, ou avec le prêt des titres légitimes, ou indépendamment du prêt d'autres contrats licites, par le moyen desquels, toutes les fois qu'on confie à quelqu'un de l'argent, du blé ou d'autres effets, on ait toujours de justes raisons de recevoir quelques intérêts modérés au-délà du capital. On ne pourroit penser ainsi sans s'opposer évidemment à l'autorité de la Sainte-

Ecriture, aux décisions de l'Eglise Catholique sur l'usure , et aux principes même de la raison. Car personne ne peut ignorer qu'on est obligé en plusieurs cas à secourir son prochain par un pur et simple prêt, suivant ces paroles de Jésus-Christ lui-même : *Ne refusez pas de prêter à celui qui vous demande* ; et qu'il est , de même , bien des circonstances où l'on ne peut trouver l'occasion de faire aucun autre contrat licite et juste que le prêt. Ainsi quiconque veut assurer sa conscience, doit, avant que de terminer quelque contrat pour faire profiter de l'argent , examiner avec soin s'il a véritablement avec le prêt un titre légitime, ou un contrat licite différent du prêt , qui puisse justifier entièrement l'intérêt qu'il cherche à se procurer.

documentis , et Catholicæ Ecclesiæ de usurâ judiciis , sed ipsi etiam humano communi sensui ac naturali rationi, procul dubio adversabitur; neminem enim id saltem latere potest, quòd multis in casibus tenetur homo, simplici ac nudo mutuo alteri succurrere, ipso præsertìm Christo Domino edocente : *Volenti mutuari à te, ne avertaris;* Math. 5. 42. et quòd similiter multis in circumstantiis , præter unum mutuum, alteri nulli vero justoque contratui locus esse possit. Quisquis igitur suæ conscientiæ consultum velit, inquirat primò diligenter oportet, verè ne justus cùm mutuo alius titulus, verè ne justus alter à mutuo contractus occurrat, quorum beneficio , quòd quærit lucrum, omnis labis expers et immune credatur.

Exposition littérale du texte V.

Dans ce N° le souverain Pontife blâme justement l'avarice qui , soit avec les titres qui justifient les profits de l'argent dans le prêt ou dans les autres contrats, se croit dispensé du devoir de prêter gratuitement. Un capitaliste est obligé de venir au secours du pauvre qui réclame la générosité du riche, parce que le prêt gratuit est une œuvre de charité par laquelle celui qui a l'abondance, nous dit saint Paul, doit suppléer à celui qui est dans l'indigence ; il est donc tenu, soit par la loi naturelle, soit par les préceptes divins, de faire des sacrifices qui sont légers pour lui en comparaison de sa fortune, pour venir au secours des pauvres.

Celui qui veut que Dieu soit miséricordieux envers lui, doit être miséricordieux lui-même; Jésus-Christ l'a prononcé : J'aurai pour vous, a-t-il dit, la règle que vous aurez eue vous-mêmes pour les autres.

On peut donc être très-coupable contre la charité chrétienne, sans être injuste ou usurier; qu'il seroit à souhaiter que ceux à qui Dieu donne l'abondance, fussent bien pénétrés de la morale que saint Paul enseignoit à son disciple Timothée : N'oubliez pas, lui dit-il, que l'avarice qui est l'attachement aux richesses est aussi la racine de tous les maux ; nous avons à en gémir. Combien de Chrétiens que l'amour de l'argent a fait naufrager dans la Foi ? Dites donc aux riches de se racheter par les aumônes et par la miséricorde envers les malheureux ; qu'ils ne comptent pas sur leurs richesses, mais uniquement sur l'emploi chrétien qu'ils en feront.

Que de maux ne font pas, dans le Christianisme, les monopoleurs, les agioteurs, les prêteurs à jours ! Ce sont autant d'idolâtres qui n'ont d'autre Dieu que l'argent, contre lesquels Jésus-Christ a prononcé, lorsqu'il a dit : Que l'homme ne peut pas servir le vrai Dieu, lorsqu'il a pour maître le dieu de l'argent ; il ne peut en effet servir son légitime maître sans haïr le tyran de l'avarice qui le tourmente et le déshonore. Qu'y a-t-il, dit Dieu, de plus méchant que l'avare ? c'est un vil métal périssable qu'il préfère à son ame.

His verbis complectuntur et explicant sententias suas Cardinales ac Theologi, et viri Canonum peritissimi, quorum consilium in hoc gravissimo negotio postulavimus.

Nos quoque privatum studium nostrum conferre in eamdem causam non prætermisimus antequàm Congregationes haberentur, et quo tempore habebantur, et ipsis etiam peractis ; nam præstantium virorum suffragia,

C'est à ces termes que les Cardinaux, Théologiens et savans Canonistes, que nous avons consultés sur cet important sujet, réduisent leurs avis.

Nous avons en notre particulier employé tous nos soins pour l'examiner nous-mêmes, avant, pendant et après la tenue des Congrégations, en réfléchissant avec soin sur les sentimens qu'avoient redigés

Pontifex relatam doctrinam probat.

quæ modò commemoravimus, diligenter percurrimus.

Cùm hæc ità sint, approbamus, et confirmamus quæcumque in sententiis superiùs exposita continentur, cùm scriptores planè omnes, Theologiæ et Canonum professores, plura Sacrarum Litterarum testimonia, Pontificum prædecessorum nostrorum decreta, Conciliorum et Patrum auctoritas, ad easdem sententias comprobandas penè conspirare videantur.

Insuper apertissimè cognovimus auctores quibus contrariæ sententiæ referri debent, et illos pariter qui illas fovent ac tuentur, aut illis ansam seu occasionem præbere videntur. Neque ignoramus quantâ sapientiâ et gravitate defensionem veritatis susceperint Theologi, finitimi illis regionibus, ubi controversiæ ejusmodi principium habuerunt.

par écrit tant de personnes habiles.

C'est d'après cet examen que nous approuvons et confirmons tout ce qu'ils contiennent, reconnoissant que tous les Auteurs, les Professeurs en Théologie et en droit Canonique, les textes de la Sainte-Ecriture, les décrets des Pontifes nos prédécesseurs, l'autorité des Conciles et des Pères semblent se réunir pour l'autoriser.

Nous connoissons très-bien au reste ceux à qui on doit attribuer les opinions contraires, ceux qui les favorisent, qui les soutiennent et qui semblent contribuer à les répandre. Nous savons aussi avec quelle sagesse, avec quelle force, des Théologiens des provinces voisines de celles où sont nées les contestations, ont pris la défense de la vérité.

Exposition littérale du texte VI.

Dans les N° précédens le souverain Pontife a rappelé les décisions des deux Congrégations assemblées pour juger où est l'usure.

1° Le sentiment de tous les membres des

deux Congrégations a été que l'usure ne peut naître que du PRÊT SIMPLE ;

2° Qu'il y a des moyens justes de tirer un profit légitime de l'argent ;

3° Qu'il y a des titres légitimes pour tirer, au-delà de son capital dans le prêt, des fruits de son argent ;

4° Que l'on peut placer son argent dans le commerce et en tirer un profit légitime ;

5° Que sans être coupable d'usure on peut l'être d'injustice, lorsque l'égalité entre les contractans n'est pas conservée. L'égalité ne peut pas être conservée, lorsque les différentes chances du commerce ne sont pas supportées par les contractans ; il ne peut donc y avoir aucune assécuration du capital ;

6° Que ce que l'on n'est pas obligé de faire par justice, est, pour celui qui a du surabondant, un devoir proportionné à son abondance pour venir gratuitement au secours des pauvres.

C'est ce que le souverain Pontife approuve et déclare être la vraie morale chrétienne consentie par le sacré Collége, par tous les savans Théologiens et Canonistes qui ont formé les deux Congrégations.

Morale qui a été enseignée par les saints Pères, contenue dans les décrets des souverains

Pontifes, dans les Canons des Conciles, dont les Théologiens les plus éclairés de la Chrétienté sont les défenseurs contre ceux qui veulent l'altérer.

Enfin, morale que le souverain Pontife déclare avoir toujours été la sienne, et qu'il a différé de déclarer jusqu'à ce qu'il eut le sentiment des deux Congrégations; sentiment qu'il a mûrement examiné et pesé en admirant l'unité des suffrages, qui est la plus grande preuve de la vérité.

Eamque doceri et servari jubet.

VII. Quarè has litteras encyclicas dedimus universis Italiæ Archiepiscopis, Episcopis et Ordinariis, ut hæc tibi, Venerabilis Frater, et cæteris omnibus innotescerent; et quoties synodos celebrare, ad populum verba facere, eumque sacris doctrinis instruere contigerit, nihil omninò alienum proferatur ab iis sententiis, quas superiùs recensuimus. Admonemus enim vehementer, omnem sollicitudinem impendere, ne quis in vestris diœcesibus audeat litteris aut sermonibus contrarium docere. Si quis autem parere detrectaverit, illum obnoxium et subjectum declaramus pœnis per Sacros Cano-

VII. Daus ces circonstances, nous avons adressé ces lettres encycliques à tous les Archevêques, Evêques et Ordinaires d'Italie, ainsi qu'à vous, notre Vénérable Frère, afin qu'étant bien instruits de toute cette affaire, ils aient soin de ne rien avancer sur ces matières, dans leurs Synodes, leurs Mandemens et leurs instructions au peuple, qui s'eloigne des sentimens que nous venons d'exposer. Nous les conjurons aussi de veiller, avec toute l'attention possible, à ce que personne n'enseigne rien de contraire dans leurs Diocèses. Que si quelqu'un refuse de nous obéir

obéir, nous les déclarons soumis aux peines portées par les Saints Canons, contre ceux qui méprisent et qui enfreignent les décrets Apostoliques.

nes in eos propositis, mandata Apostolica tempserint ac violaveri...

Exposition littérale du texte VII.

Dans cet article, le souverain Pontife prononce son jugement doctrinal, comme chef de l'Eglise. Il déclare donc qu'après avoir demandé, dans deux Congrégations, le sentiment des hommes les plus éclairés dans le droit canonique et civil, il a statué que la morale sur l'usure, établie par les deux Congrégations, est la morale catholique; il ordonne aux Archevêques, aux Evêques et aux Ordinaires de toute l'Italie, de l'enseigner, et pour cet effet, de faire des assemblées synodales, dans lesquelles sa Lettre encyclique sera communiquée à tous.

Il ajoute que tous ceux qui la violeront, ou qui la mépriseront, encourront les peines canoniques, prononcées contre ceux qui se rendent coupables de la violation des décrets pontificaux.

C'est ainsi que le souverain Pontife sanctionne sa loi, en déclarant que ceux qui refuseroient d'obtempérer à sa Bulle encyclique, ne seront

D

plus regardés comme membres de l'Eglise catholique.

Cette Bulle a été regardée par les souverains Pontifes qui ont succédé à Benoît XIV, comme la règle invariable des jugemens que nous devons porter sur les contrats usuraires ou non-usuraires, justes ou injustes, sur le devoir de charité que les riches doivent remplir envers les pauvres ; et, en conséquence, ils ont renvoyé persévéramment à cette Bulle encyclique, tous ceux de toutes les contrées qui les ont consultés sur les contrats de cette nature.

C'est donc cette Bulle encyclique, que les Théologiens, qui enseignent ou qui dirigent les ames, doivent mûrement réfléchir, pour ne rien exagérer, ne rien altérer dans la morale, sur le profit licite ou injuste de l'argent. Ils doivent, sans prévention, ne pas isoler un article de la Bulle des autres articles, pour en avoir le vrai sens. En ne prenant pas cette précaution, on s'expose à embrasser des opinions qui sont vicieuses, ou par leur sévérité, qui trouble toutes les consciences ; ou par leur relâchement, qui transformeroit la morale chrétienne en morale païenne. C'est malheureusement dans tous les siècles, que les hommes ont excité des contentions, en se tenant aux deux extrémités, comme nous venons de le dire, également vicieuses ; on épouse souvent les opinions des ennemis de l'Eglise, artificieusement décorées des titres de la vérité qu'elles combattent; on les épouse, disai-je, sans se douter qu'elles sont une filiation de l'hérésie : les ligueurs, les frondeurs, faisant la guerre aux ennemis de la royauté et de la religion, étoient égarés eux-mêmes par les erreurs introduites sur la terre par les Wiclef, les Luther et les Calvin ; les erreurs de Jérôme de Prades, de Jean Huss, causèrent, dans le Concile de Constance, beaucoup de contentions et de dissensions qui prenoient leur source dans la doctrine de ces deux hérésiarques. C'est toujours que pour faire la guerre avec plus de succès à la vérité, ses ennemis se sont couverts de son manteau, pour faire illusion aux ames droites et simples ; il n'y a donc que l'autorité seule qui puisse fixer et ceux qui enseignent, et ceux qui sont enseignés, dans ce sage milieu où est la vérité. Cette autorité ne peut être que dans les premiers Pasteurs de l'Eglise. La prudence chrétienne exige donc que nous ne nous arrogions pas le droit de critiquer, de censurer, de condamner ce que les premiers Pasteurs de l'Eglise ne censurent pas eux-mêmes, ne condamnent pas ; enfin, ce qu'ils nous défendent de censurer et de condamner.

VIII. De contractu autem, qui novas has controversias excitavit, nihil in præsentia statuimus : nihil etiam decernimus modò, de aliis contractibus pro quibus Theologi et Canonum interpretes in diversas abeunt sententias: attamen pietatis vestræ studium ac religionem inflammandam existimamus, ut hæc quæ subjicimus, exsecutioni demandetis.

VIII. Au reste nous ne prononçons rien, quant à présent, sur le contrat particulier qui a donné lieu à ces disputes : nous ne décidons rien non plus encore, à l'égard des autres contrats sur la légitimité desquels les Canonistes et les Casuistes sont partagés ; mais nous croyons devoir exciter votre Religion et votre zèle à la pratique constante et exacte de ce qui nous reste à vous proposer.

Explication littérale du texte VIII.

DANS cet article N° VIII, le souverain Pontife, après avoir déclaré qu'il ne prononce ni sur le contrat, qui alors causoit des dissensions en Italie, ni sur les autres contrats qui sont défendus ou combattus par les différentes écoles, il insiste sur la nécessité de régler sa conduite sur la doctrine qu'il vient d'exposer.

Le conseil que donne Salomon, de régler nos opinions et notre conduite par les paroles des sages, est pour nous la leçon la plus nécessaire pour fixer notre conduite dans la direction des âmes. Ecoute, dit-il, les paroles des sages; ce qu'ils enseignent leur a été enseigné par les anciens, et ces anciens ont été eux-mêmes instruits par l'Esprit-Saint; leur doctrine est comme l'aiguillon entre les mains du laboureur, pour nous fixer dans la route droite que nous avons à parcourir. Elle est encore, ajoute-t-il, comme les signaux élevés sur les montagnes, dans les passages difficiles et périlleux, pour préserver le voyageur de s'égarer. Toute nouveauté dans la doctrine, si elle n'est pas une erreur, ouvre la porte à toutes les erreurs. Ne méprise pas, dit l'Ecclésiastique, ce que racontent les anciens, et que la jeunesse se lève devant eux.

IX. Premièrement, montrez à vos peuples avec quelle sévérité les Livres Saints condamnent le vice de l'usure; apprenez-leur qu'il se cache sous bien des formes diverses pour précipiter, dans les abîmes, des ames rendues à la liberté et à la grâce par le sang de Jésus-Christ. Qu'ainsi, s'ils ont des sommes à placer, ils prennent bien garde à se garantir de la cupidité, source funeste de tous les maux, et qu'ils aient soin de prendre conseil des Casuistes les plus distingués par leur science et leur vertu.

IX. Primùm, gravissimis verbis populis vestris ostendite usuræ labem ac vitium à divinis Litteris vehementer improbari; illud quidem varias formas atque species induere, ut Fideles Christi Sanguine restitutos in libertatem et gratiam, rursùs in extremam ruinam præcipites impellat. Quocircà si pecuniam suam collocare velint, diligenter caveant ne cupiditate omnium malorum fonte rapiantur, sed potiùs ab illis, qui doctrinæ ac virtutis gloriâ supra cæteros efferuntur, consilium exposcant.

Exposition littérale du texte IX.

C'EST ici une exhortation pressante aux Directeurs des ames et aux Fidèles, de se défendre de toute usure , soit qu'elle soit stipulée, soit qu'elle soit palliée. Dans la conduite où la liberté et la loi sont en concurrence , le Chrétien qui a l'esprit du Christianisme, préfère la loi à la liberté ; parce que , dans les choses douteuses , on doit préférer le parti le plus sûr. Nous répétons avec le souverain Pontife, que la cupidité est la mère de tous les vices. Le vrai Chrétien préfère de sacrifier des biens temporels aux biens éternels , surtout lorsqu'il y a des raisons de douter si les contrats sont justes.

Ne fuyez pas seulement le péché , dit S. Paul, mais fuyez encore l'apparence du péché : c'est cette morale du vrai Chrétien , qui coopère à tendre à la perfection , que tout Chrétien doit sincèrement s'occuper d'acquérir. Que les riches s'occupent donc de cette pensée et s'en pénètrent profondément, qu'ils sont les économes de la Providence pour soulager les misères des pauvres. Ils changeront en mérite les tentations des richesses, que Jésus-Christ appelle les misères et les épines de la vie.

X. En second lieu, ceux qui se croient assez d'étude et de lumières pour oser décider sur ces matières, qui demandent beaucoup de connoissance de la Théologie morale et canonique, doivent éviter les deux extrêmes, qui sont toujours vicieux; car il y en a de si sévères, qu'ils condamnent toute espèce d'intérêts comme illicites et usuraires; et de si indulgens, qu'ils les justifient tous. Qu'ils se défient donc de leurs sentimens particuliers : qu'avant de donner des décisions, ils consultent plusieurs auteurs des plus renommés, et qu'enfin ils suivent les sentimens les plus conformes à la raison et à l'autorité. Que si les sentimens se trouvent partagés sur la légitimité de quelque contrat particulier, ils s'abstiennent de censurer les opinions contraires aux leurs, et de leur imprimer d'odieuses qualifications, surtout si ces opinions sont fondées sur des raisons plausibles et sur les suffrages de bons auteurs ; puisque les disputes animées et les invectives blessent la cha-

X. Secundo, loco qui viribus suis, ac sapientiæ itâ confidunt, ut responsum ferre de his quæstionibus non dubitent (quæ tamen haud exiguam Sacræ Theologiæ et Canonum scientiam requirunt), ab extremis, quæ semper vitiosa sunt, longè se abstineant : etenim aliqui tantâ severitate de iis rebus judicant, ut quamlibet utilitatem ex pecuniâ desumptam accusent, tanquàm illicitam et cum usura conjunctam : contrà verò nonnulli indulgentes adeò remissique sunt, ut quodcumque emolumentum ab usuræ turpitudine liberum existiment. Suis privatis opinionibus ne nimis adhæreant, sed priusquàm responsum reddant, plures scriptores examinent, qui magis inter cæteros prædicantur; deindè has partes suscipiant, quas tum ratione, tum auctoritate planè confirmatas intelligent. Quòd si disputatio insurgat, dùm contractus aliquis in examen adducitur; nullæ omninò contumeliæ in eos confingantur, qui sententiam contrariam sequuntur, neque illam gravibus censuris notandam asserant, si præsertim ratione et præstantium Virorum testimoniis minimè

careat ; siquidem convicia rité et donnent au peuple atque injuriæ vinculum du scandale.
Christianæ charitatis infrin-
gunt, et gravissimam populo
offensionem et scandalum
præ se ferunt.

Exposition littérale du texte X.

Cet article de la Bulle du souverain Pontife mérite les plus profondes réflexions ; il rappelle les grands devoirs de la charité et de la prudence chrétienne, qui sont la gloire du Christianisme. Nos conceptions sont trop timides et trop limitées ; il y a trop de différence dans nos organisations, pour que nous voyions la vérité dans un beau jour sans nuages : de là la différence des opinions parmi ceux-mêmes qui cherchent sincèrement la vérité. Dans des écoles chrétiennes, les uns voient de l'usure dans tous les contrats concernant les profits de l'argent; les autres, au contraire, ne voient de l'usure aucune part. Les uns sont toujours disposés à tout blâmer; les autres, au contraire, à tout excuser : ils sont, les uns et les autres, observe le souverain Pontife, aux deux extrémités également vicieuses, qui entretiennent des dissensions, égarent les consciences, et nuisent au bien public : les uns, égarés par la

sévérité

sévérité du caractère, troublent les consciences, et exagérant les devoirs de la justice péchent contre la charité ; les autres, au contraire, par une fausse charité altèrent la charité en altérant la justice.

C'est aux uns et aux autres que le souverain Pontife trace les règles que nous devons observer, pour allier le bien de la société avec les principes de la morale chrétienne.

Que devons-nous donc faire, après avoir reconnu que l'homme ne peut voir la vraie lumière que dans Jésus-Christ ; que rien n'est plus opposé à l'esprit du Christianisme que l'attachement aux opinions et l'inclination de juger avec une sévérité outrée les doctrines qu'il n'approuve pas, soit parce qu'il n'a pas réfléchi sans prévention, soit parce qu'attaché à la lettre on n'en a pas cherché l'esprit ? La lettre tue, mais l'esprit seul vivifie.

A l'invocation de l'Esprit-Saint ajoutons donc la simplicité de l'humilité chrétienne, en cherchant la vérité dans la doctrine de l'Eglise, dans les Théologiens les plus instruits. Je pourrois ajouter encore, dans les jugemens, sur les contrats concernant le profit de l'argent, des hommes probes et éclairés de toutes les contrées qui ont établi des usages dans le commerce, qui n'ont pas été condamnés par l'Eglise. L'église, en effet, n'approuve rien de contraire à la morale chrétienne, parce qu'elle n'approuve que ce qui est bien : lorsqu'elle se tait, elle est sensée ne pas désapprouver. Ellé est, en effet, le juge suprême de tout ce qui concerne la morale, comme de ce qui concerne la Foi. Nous pécherions contre son autorité en jugeant nous-mêmes ce que l'Eglise elle-même n'auroit pas jugé.

Abstenons-nous donc de toute aigreur, de toute censure, envers ceux qui auroient épousé des opinions contraires aux nôtres. L'unité dans la morale, l'édification des Fidèles, la paix des consciences, ne peuvent exister que par la simplicité qui soumet nos jugemens, nos opinions, notre zèle à les défendre, au jugement de l'Eglise, pour maintenir dans le Christianisme l'esprit de charité qui en est la gloire.

Que chacun de nous croie de bonne-foi à sa conscience, éclairé des lumières qu'il puisera, soit dans les jugemens de l'Eglise, soit dans l'exemple que les Pasteurs donnent aux Fidèles.

XI. En troisième lieu, on doit avertir ceux qui veulent éviter toute usure, et ne retirer de leur argent qu'un intérêt légitime, de bien expliquer le contrat qu'ils se proposent de faire avant que de le consommer, les conditions de ce contrat et l'intérêt qu'ils demandent. Ces explications contribuent beaucoup, non-seulement à calmer ensuite les scrupules qui pourroient survenir, mais encore à justifier les contrats dans le for externe : elles servent aussi à prévenir les disputes qui pourroient ensuite s'élever, et à éclaircir si un intérêt, qui paroît d'abord légitime, ne seroit point cependant le fruit d'une usure, au moins palliée.

En quatrième lieu, nous vous exhortons à réprimer les discours insensés de ceux qui disent, qu'on agite aujourd'hui sur l'usure des questions de nom, attendu que l'argent, de quelque manière qu'on le confie à un autre, lui procure bien toujours quelque avantage : pour découvrir la fausseté de ce vain raisonnement,

XI. Tertio loco, qui ab omni usuræ labe se immunes et integros præstare volunt, suamque pecuniam ità alteri dare, ut fructum legitimum solummodò percipiant, admonendi sunt, ut contractum instituendum anteà declarent, et conditiones inserendas explicent, et quem fructum ex eadem pecunia postulent. Hæc magnoperè conferunt, non modò ad animi sollicitudinem et scrupulos evitandos, sed ad ipsum contractum in foro externo comprobandum : hæo etiam aditum intercludunt disputationibus, quæ non semel concitandæ sunt, ut clarè pateat utrùm pecunia quæ ritè data alteri esse videtur, reverà tamen palliatam usuram contineat.

Quarto loco, vos hortamur ne aditum relinquatis ineptis illorum sermonibus, qui dictitant de usuris hoc tempore quæstionem institui, quæ solo nomine contineatur, cùm ex pecuniâ, quæ quâlibet ratione alteri conceditur, fructus ut plurimùm comparetur : etenim quàm falsum id sit et à veritate alienum, planè deprehendimus, si perpendamus naturam unius contractûs ab alterius naturâ prorsùs diversam et sejunctam esse, et ea pariter discrepare magnoperè inter se, quæ à diversis inter se contractibus consequuntur: Reverà discrimen apertissimum intercedit fructum inter, qui purè licitèque ex pecunia desumitur, ideòque potest in utroque foro retineri, ac fructum qui ex pecunia illicitè conciliatur, ideòque fori utriusque judicio restituendus decernitur.

Constat igitur haud inanem de usurâ quæstionem hoc tempore proponi ob eam causam, quòd ut plurimùm ex pecuniâ quæ alteri tribuitur, fructus aliquis excipiatur.

Præsentium exsec... ti... episcopis complendæ. Hæc potissimùm vobis indicanda censuimus, sperantes fore ut mandetis exsecutioni quæcumque per has Litteras à nobis præscribuntur: opportunis quoque remediis consulatis, utì confidimus, si fortè ob hanc novam de usuris controversiam in diœcesi vestra turbæ concitentur, vel corruptelæ ad labefactandam sanæ doctrinæ candorem et puritatem inducantur.

Postremò vobis et gregi

il suffit d'observer que la nature d'un contrat est absolument différente de la nature d'un autre, et que, par conséquent, leurs effets sont également différens. En effet, un revenu fondé sur un légitime emploi de l'argent, et par là autorisé dans le for interne et externe, n'est pas le même dans doute qu'un intérêt illicite, exigé sans fondement, et pour cela justemeut réprouvé par la conscience et par le droit.

Il est donc constant que les questions actuelles sur l'usure ne sont pas sans objet, sous le prétexte que l'argent rapporte toujours quelque profit.

Voilà ce que nous avons cru devoir principalement vous faire connoître, croyant que vous l'exécuterez avec fidélité, et que, s'il s'élève des disputes sur l'usure dans votre diocèse, que la sainte doctrine à cet égard y soit attaquée, vous apporterez au mal les remèdes les plus convenables.

Nous vous donnons enfin, et au troupeau qui vous est confié, notre Bénédiction Apostolique.

Donné à Rome, à Sainte Marie-Majeure, le premier Novembre 1745, l'année sixième de notre Pontificat.

curæ vestræ concredito, Apostolicam Benedictionem impertimur.

Datum Romæ apud sanctam Mariam-Majorem, die primâ Novembris M. DCC. XLV, Pontificatûs nostri anno sexto.

Exposition littérale du texte XI.

Dans ce dernier article, le souverain Pontife donne les règles que les Fidèles doivent suivre, soit pour empêcher les inquiétudes du scrupule, soit pour éviter les injustices, qui sont la suite d'une morale incertaine et relâchée, soit enfin pour éviter toutes les contentions qui peuvent être excitées par des contrats qui paroîtroient équivoques et susceptibles de plusieurs interprétations.

Tout Chrétien doit donc, avant de faire aucun contrat concernant le profit de l'argent, consulter, sur ce qu'il veut faire, les hommes éclairés et surtout le Pasteur de son diocèse et son Conseil; déclarer sincèrement la nature du contrat, les conditions du contrat, les fruits qu'il espère tirer du contrat. Il doit de plus stipuler ce contrat dans les formes approuvées et exigées par le gouvernement civil; de manière qu'il soit approuvé, soit dans le for intérieur, soit dans le for extérieur.

Toutes ces formes sincèrement exécutées, il n'y aura ni usure réelle, ni usure palliée; pour s'en préserver, on doit donc employer les formes consacrées par l'usage, fondées sur les lois civiles et ecclésiastiques, et qui ont été prescrites par l'approbation d'hommes probes et éclairés qui en ont perpétué l'usage, et qui ont ainsi, en éliminant des formes nouvelles, éloigné toute contention.

Qu'on se garde bien d'écouter ces hommes qui, traitant tout superficiellement, prétendent que, dans les temps pressans, l'usure n'est qu'un mot, et que le profit de l'argent, de quelque contrat qu'il naisse, ne peut pas être blâmé, surtout si les contractans ne se plaignent pas. Lorsqu'on consulte de bonne-foi sa conscience, on y trouve qu'il y a de grandes différences et différens résultats qui naissent des différens contrats.

Certes, un contrat injuste ne peut pas être un contrat juste ; le prêt simple n'est pas le même qu'un placement en rente viagère, en rente constituée, ou dans le commerce : chacun de ces contrats a des formes et des conditions différentes, soumises aux lois de l'état et aux lois de l'Eglise ; on ne peut pas y manquer sans pécher contre la justice, et sans être obligé et condamné à restituer.

Notre juge, que tous les hommes portent dans leur ame, est notre conscience qui nous ordonne premièrement d'être pour les autres ce que nous voulons que les autres soient pour nous; qui dit à tous que nos droits sont fondés sur nos devoirs, que nous devons non-seulement la justice et la charité que nous réclamons pour nous, mais encore la soumission aux puissances civiles et ecclésiastiques. On ne conserve la loyauté et l'honneur, dont nous avons conservé les noms, que par la délicatesse de la conscience, qui, sans scrupule, sans doute, sans exagération, sans relâchement, sans respect humain, sans intérêt de l'avarice, conserve la plus parfaite égalité; qui, pour partager les profits, consent sincèrement à partager les dangers.

Cette morale est celle que le souverain Pontife ordonne aux Pasteurs d'enseigner avec zèle à tous les Fidèles, pour faire régner, dans le Christianisme, la charité et la justice. Puisse l'unité régner parmi tous les Théologiens! puisse cette unité être fondée sur l'amour souverain de la vérité, et avoir le mérite que donne la charité!

C'est avec l'éloquence du vrai zèle, que St. Augustin disoit à son peuple : *Amate veritatem, tenete charitatem, desiderate unitatem, ut per-veniatis ad æternitatem.*

Collationné, pour le texte, avec l'édition de Rome, de l'an 1745.

RÉFLEXIONS PARTICULIÈRES DE L'AUTEUR.

Ire Les caractères nés sévères, surtout lorsque leur sévérité a été alimentée par les maîtres dont ils ont reçu les leçons, maîtres qui n'avaient pas eu le temps de mûrir eux-mêmes leurs opinions, soit aussi parce qu'ils ont été égarés, sans le prévoir, par les partis qui désolent le Christianisme, s'ils n'ont pas l'humilité de l'obéissance absolue à l'autorité suprême du souverain Pontife et des Évêques qui vivent sous son obéissance, ne peuvent qu'abonder dans leur propre sens et être égarés par les opinions qui fourmillent, dans le Christianisme, depuis que l'autorité suprême est méprisée de toutes parts par les ennemis de la vérité.

L'hérésiarque Montont devint l'ennemi de l'Eglise par la rigidité exagérée de sa morale.

Tertullien déserta l'Eglise catholique en embrassant la morale de Montont.

Le chancelier Gerson et les docteurs de Paris, venus à Constance pour condamner Jérôme de Prades et Jean Huss, sans s'en douter avaient une teinte de leurs erreurs lorsqu'ils attaquèrent l'autorité pontificale.

*

II. Les hommes qui retrécissent les routes du salut par une morale exagérée, et s'emparent du droit de juger ceux qui ne pensent pas comme eux, ressemblent à des hommes qui hérisseroient de herses une grande route pour en détourner les voyageurs ; cette ruse de guerre est familière aux élèves de Port-Royal, ennemis d'autant plus dangereux qu'ils sont plus artificieux.

Ce sont des loups cachés sous la peau de la brebis, qui trompent et les bergers et les ouailles ; qui se disent catholiques pour vivre dans le bercail et en dévorer les brebis.

C'est d'eux principalement que J. C. parloit à ses Apôtres, lorsqu'en allant à la mort il leur dit : *Cavete ab hominibus.* Saint Paul les désignoit aux Philippiens en leur disant : *Vide-te canes.* Hélas ! nous entendons de toutes parts les aboiemens des chiens contre les vérités chrétiennes.

III. Tout ce qui appartient au commerce, appartient aux vertus sociales. Nous ne connoissons d'autres vertus sociales que la justice et la charité. Ces deux vertus ne peuvent pas être blessées lorsque les contractans consentent librement, légalement et en conscience, aux conditions réciproques et justes qu'ils s'imposent dans l'espérance d'un gain licite. Les croupiers sont pour les négocians travailleurs ce que les ailes sont à l'oiseau ; plus elles ont d'envergures, plus l'oiseau peut s'élever et se soutenir dans les airs. Quelle injustice peut-il y avoir à contribuer, par sa petite fortune, à grossir celle du travailleur ? Je demanderai encore, quel est le négociant probe qui ne trouve pas, dans sa conscience, le devoir de faire participant ses croupiers d'une portion légale des grands profits qu'il a faits avec les fonds d'autrui ?